DEPORTES ACUÁTICOS

POR MARI BOLTE

CREATIVE EDUCATION · CREATIVE PAPERBACKS

Publicado por Creative Education
y Creative Paperbacks
P.O. Box 227, Mankato, Minnesota 56002
Creative Education y Creative Paperbacks
son marcas editoriales de The Creative Company
www.thecreativecompany.us

Diseño de The Design Lab
Producción de Alison Derry
Dirección de arte de Tom Morgan
Editado de Alissa Thielges
Traducción de TRAVOD, www.travod.com

Fotografías de Alamy (REUTERS), Getty (BSR Agency, Francois-Xavier Marit,
Harry How, Jonathan Nackstrand, Oli Scarff, Ryan Pierse, Tim Clayton
– Corbis, Tom Pennington, VCG, Xavier Laine), Shutterstock (Bojanovic),
Wikimedia Commons (Public Domain, Schwimmbrille)

Library of Congress Cataloging-in-Publication Data
Names: Bolte, Mari, author.
Title: Deportes acuáticos / by Mari Bolte.
Description: [Mankato, Minnesota] : [Creative Education and Creative
  Paperbacks], [2024] | Series: Los increíbles Juegos Olímpicos de
  verano | Includes index. | Audience: Ages 6–9 years | Audience: Grades
  2–3 | Summary: "Celebrate the Summer Olympic Games with this
  elementary-level introduction to the sport of swimming, both pool and open
  water events. Includes biographical facts about the most decorated female
  Olympic swimmer, Katie Ledecky. Translated in North American Spanish"
  —Provided by publisher.
Identifiers: LCCN 2023015568 (print) | LCCN 2023015569 (ebook) |
  ISBN 9781640269323 (library binding) | ISBN 9781682774823
  (paperback) | ISBN 9781640269965 (pdf)
Subjects: LCSH: Swimming—Juvenile literature. | Aquatic sports—Juvenile
  literature. | Summer Olympics—Juvenile literature. | Swimmers—Juvenile
  literature. | Ledecky, Katie, 1997-—Juvenile literature.
Classification: LCC GV837.6 .B6518 2024 (print) | LCC GV837.6 (ebook) |
  DDC 797.2/1—dc23/eng/20230411

Impreso en China

Tabla de contenidos

Los deportes acuáticos son deportes en el agua. Han existido desde la antigüedad. Las primeras personas aprendieron a nadar para buscar alimento. La natación formó parte de los primeros Juegos Olímpicos de la era moderna, en 1896.

En los primeros cuatro Juegos Olímpicos de Verano, la natación se llevó a cabo en aguas abiertas.

Las piscinas olímpicas tienen 10 carriles; los nadadores usan los 8 carriles del medio.

La natación olímpica incluye 35 eventos en la piscina. Las carreras se realizan en seis distancias diferentes. La más corta es de 50 metros. Solo es una **vuelta**. La más larga es de 1.500 metros. Los nadadores usan diferentes **estilos** para desplazarse por el agua. Los estilos son estilo libre, espalda, pecho y mariposa.

estilo movimiento de los brazos y las piernas que usa una persona para impulsarse dentro del agua

vuelta la longitud de una piscina

Durante el maratón, los nadadores hacen pausas para tomar agua.

La mayoría de los eventos de natación olímpica se llevan a cabo en una piscina. Pero el maratón se realiza afuera, en aguas abiertas. ¡Es una extenuante carrera de 6,2 millas (10 kilómetros) de largo! Los nadadores pueden usar cualquier estilo que deseen. El primer maratón se llevó a cabo en los Juegos Olímpicos de Beijing 2008.

Al inicio del maratón de natación, los nadadores saltan de una plataforma.

Las líneas flotantes que delimitan los carriles evitan que los nadadores choquen entre sí.

Los atletas olímpicos usan trajes de baño ajustados. Están hechos para brindar velocidad y comodidad. Las gorras de natación reducen el **arrastre**. Ayudan a los nadadores a desplazarse suavemente por el agua. Las gorras también protegen el cabello de los químicos de la piscina. Las gafas protectoras les permiten a los nadadores ver con claridad bajo el agua.

arrastre fuerza que empuja en contra cuando algo se mueve hacia delante

En la mayoría de los eventos, los hombres y las mujeres no compiten entre sí. Sin embargo, en Tokio 2020 se introdujo el relevo **medley** 4 x 100. Es el primer evento de natación de género mixto. Cada equipo está conformado por dos mujeres y dos hombres. Cada persona nada dos vueltas.

medley una combinación de cuatro estilos de natación diferentes en una carrera

Los clavadistas de altura caen en el agua a 30 millas (48 km) por hora.

Los clavados y la natación artística son eventos calificados por jueces. Los clavadistas hacen giros, cuclillas y picadas para anotar puntos. Usan dos tipos diferentes de tablas. Los trampolines son flexibles. Las plataformas son rígidas. Las mujeres saltan cinco veces por ronda. Los hombres saltan seis veces.

La plataforma de clavados más alta tiene la altura de un edificio de tres pisos.

Los nadadores artísticos hacen los mismos movimientos al mismo tiempo. Se les califica la habilidad, capacidad y dificultad. Los nadadores artísticos compiten en parejas y en equipos de ocho. Este evento también se conoce como ballet acuático. Hasta los Juegos Olímpicos de París 2024, solo era para mujeres.

Los nadadores artísticos realizan sus rutinas de baile dentro de una piscina.

El waterpolo se juega con dos equipos de siete jugadores cada uno. Los equipos desplazan una pelota por la piscina. Anotan puntos cuando meten la pelota en una red flotante. Los jugadores no pueden tocar el fondo de la piscina con los pies. Para este evento se necesitan velocidad y fuerza.

El equipo de waterpolo femenino de EE. UU. ganó la medalla de oro en Tokio 2020.

Los nadadores son atletas increíbles. Se desplazan por el agua con fuerza y gracia. Pero aun un error diminuto puede costarle a alguien la medalla. No te pierdas estos eventos durante los próximos Juegos Olímpicos de Verano.

El equipo chino celebra haber ganado la prueba de relevos estilo libre 4x200m en Tokio 2020.

Competidores destacados: Katie Ledecky

La nadadora estadounidense Katie Ledecky ganó su primera medalla de oro en los Juegos Olímpicos de Londres 2012. Solo tenia 15 años. En los Juegos Olímpicos de Río 2016, ganó el oro en cuatro eventos de natación y rompió dos récords mundiales. Durante los Juegos Olímpicos de Tokio 2020, se convirtió en la primera mujer en ganar los 1.500 metros estilo libre. Con 10 medallas, es la nadadora olímpica más condecorada.

Índice